사랑하기에 좋은 계절

사랑하기에 좋은 계절

이필정 시집

대양미디어

책머리에

시를 사랑하는 사람이 아름답다.

토담집 울 개나리 봄 햇살 부여잡고 처녀막 찢어 노란 꽃 피우더니 진달래도 시샘하듯 함박웃음으로 다가온다.

시를 읽으면 누구나 마음이 편안해질까?

또 시는 자신의 거울이 될 수 있을까?

시는 자기 생활을 관찰해 볼 수 있는 근사한 경험이 된다고 생각한다.

햇살을 받으며 도란도란 둘만의 이야기를 정답게 토해내고 누구에게나 등 뒤에 길게 늘어진 두 그림자를 보여줄 때 그것이 꿈이 있는 시가 되는 것이 아닐까.

꽃보다 사람이 더 아름다운 까닭을 알아야 한다.

말과 글은 삶의 표현이다.

무집착이 참 좋다.

무소유보다 탐하지 아니하는 무집착이 훨씬 높은 곳에 있다.

그렇게 살고 싶다. 왜냐하면 소유하지 않는 것도 좋지만, 무소유라는 소유하지 않는 것조차 잊어 버려야 하니까.

자기 소리를 죽여야 귀가 열린다. 그곳에 시가 미소하며 그대를 기다리기 때문이다.

잘 사는 나라 사람들 보다 못사는 나라 사람들의 행복지수가 상당히 높다고 한다. 창 밖 자연의 순수함을 바라보며 시를 읽고 가난하지만 따습게 살자.

내 가슴에 시혼들이 꿈틀거려도 사업에 쫓겨 나의 존재를 시 리듬에 다 맞출 수는 없었지만 기적 같은 의지가 나를 지탱시켜 또 한 권의 시집이 탄생하게 되었다.

자연과 함께한 시간들이 짙게 녹아나 있어 나로서는 더 기쁘다.

제 5집 『사랑하기에 좋은 계절』을 탄생할 수 있도록 응원해준 아내와 대양미디어 서영애 사장님께 감사드리며 나의 시집을 읽어주실 독자께도 뜨거운 행복과 사랑이 가득하시길 바란다.

| 차례 |

제 1 부

동백꽃을 바라보며

제2부

마음에 꽃동산을 만들면

제 3 부

사랑하기에 좋은 계절

제 4 부

당신이 있어 행복합니다

제 1 부

동백꽃을 바라보며

새 희망을 꿈꾸며

새벽에 눈을 뜨니
끝도 없는 길목에
하얀 눈만 쌓여 있다

보이지 않는
새들의 울음소리에
아침 햇살 서성이고
감실거리는 착시 현상에
눈꽃들만 입을 열고

황홀한 기색에
잠을 부르는 바람은
잊지 못할 아픈 기억들
깨끗한 세상 속으로 떠나보낸다

백옥처럼 눈이 시리게
불어오는 바람 따라 새봄 찾아오면
꽃 피우고 튼실한 열매 맺어
몸과 마음 살찌우게 하련다.

새해 아침

의왕에 신령한 새 아침 밝아온다
모락산 자연숲 백운산 철쭉마루에
일찍 깨어난 산새들 속삭임 싣고 희망의 바람 불어와
의왕의 평화 위해 대문의 빗장 따고
먼 이웃 함께 사랑 나누라 뒤란길 샛문 연다

백운호수 보석으로 만드는 서광이 내린다
청계사에서 왕송호수까지 다 함께 팔 걷어 부치고
우리 의왕시민 신명나게 다시 일어나라
모락산성 해맞이 함성 산과 들을 흔든다

자연의 도시 의왕이여!
우리의 숨결 큰 빛으로 일궈낸 은혜로운 곳이여!
이제 우리 모두 심장에 타오르는 위대한 사랑의 힘으로
의왕의 이웃들 손에 손 잡고
지속 가능한 의왕발전 새길 펼쳐 나아가리

오 내사랑 아름다운 의왕이여!
큰 가슴 쫘악 열고
시민과 시민 화끈하게 서로 끌어안고

마음과 정성 한데 모두어
모락산 자연숲 백운산 철쭉마루
오만가지 역경 넘어 한마음으로
새해 아름다운 꽃으로
기어이 환하게 피어나길……

어릴 적 내 고향故鄕·1

어릴 적 내 고향 벌판 사이로
곰실곰실 아지랑이 춤추면
흙 내음 가득담은 바람이
살포시 파고드는 고향의 봄

싸늘한 새벽공기 가르며
희망으로 다가오는 봄 위에
영원히 가슴에 품고 웃음으로 살아가야 할
내 어릴 적 고향 그리워하며
잊지 않고 찾아오는 새봄을 마중한다

어릴 적 재잘대던 발길사이로
새록새록 솟아나는 새싹과 같이
강인한 힘! 힘! 힘!
한 걸음 한 걸음 희망으로 다가오던

그때 그 시절 봄이 그립다.

어릴 적 내 고향故鄕·2

산허리 부둥켜안고
내려앉은 사랑채
오가는 길손 맞이하면
툇마루 이야기꽃이 만발하다

앞뜰 가득
이름 모를 야생화 바람결에
향기 품으며 살랑인다

앞동산 뒷동산
재재대는 새소리에
세월 가는 줄 모른다

더덩실 더덩실 춤추며
함께 뛰어 놀던
두메산골

어릴 적 내 고향
꽃피는 그리움
가슴에 품고 살아간다.

기다림

밤새 하얀 눈 내리더니
봄 손님 찾아오다
슬며시 달아나버렸네

나뭇가지 핀 눈꽃에
벙그러진 개나리 꽃들
바들바들 떨고 있다

가죽 찢고 봉긋하게
돋아나던 새 생명들
눈꽃에 덮여 숨죽이고
시린 속살 아리는 가슴으로
이제나 저제나 따뜻한
봄볕 쏟아지길 기다린다

어서
연초록 봄이 찾아와
조였던 가슴 활짝 열고
당신과의 입맞춤 포옹으로
새 희망 새 꿈 활짝
펼쳤으면……

동백꽃을 바라보며

줄기마다 봄을 채워주워도
뿌리 어디쯤 숨었는지
꽃은 좀처럼 피어나지 않는다

날마다 날마다 기도하며
실종된 사랑마냥
마음만 시리더니

좌르르 햇살 쏟아지는 아침
노오란 꽃술 이파리 가르고
숨은 듯 매달려 있는 빨간 동백꽃

온몸에 번지는 반가움
서러운 기다림은 춘삼월 뒤로 숨고
서둘러 찾아온 봄바람도 뭍으로 떠나버렸다

한동안
세월의 끝자락에 매달려
뿌리 속에 갇힌 나는 삶의 무게가 버거워
빨알간 동백꽃 필 때까지
땅속에 가만히 엎드려 있어야 했다.

베란다에 꽃을 기르며

우리 집 베란다 화분에
꽃을 기르다 보면
한곳에서 바람과 햇볕을 쪼이건만
쭉 고개 내밀어 창밖을 살피는 놈
하늘만 쳐다보는 놈
땅으로 뛰어 내리는 놈
아무 생각 없이 재잘거리는 놈
입을 꾹 다물고 고개를 푹 숙인 놈
뻗고 제치고 구부리고 엉기며 자라는 것
이들 앞에서
잃어버린 성장점을 기억하며
뻣뻣하게 몸을 흔들어 보지만
날아봤자 손바닥 안이란 걸
제 앞만 보고 걸어갈거나
비단벌레 한 마리 몸으로 익힐 동안
화분 안에서도 난리다

앞선 것을 제치고 달려갈거나
서로 뒤엉켜 물고 물리는
혼돈의 시간 속에 살아간다

그 길의 복판에서 안간힘을 쓰며
이 모두를 통합할
꽃대 하나가 하늘 향해
우주의 기氣 모으고 있다.

새 희망希望 꽃향기

봄볕이 쏟아지는
양지바른 언덕
노오란 개나리
연분홍 진달래
곱게 피어 활짝 웃음 보내고

부신 햇살
두 눈에 어리어
삭막했던 가슴에도
꽃을 피우고
환희의 물결로 출렁이다

어스름 저녁 햇살
못다 핀 꽃 이야기
붉은 꽃망울
봄바람이 흔들고

세월의 시작에서
찾아온 행복
희망을 끌어안은

물빛 같은 마음

눈이 시리도록
꽃 속에 묻힌 그리움으로
빈 가슴 채우다가
쌓인 연정 꽃향기에 피어난다.

아지랑이 봄소식

삐죽 삐죽 갓 솟아난 새싹들은
세상구경 힘겨운지
소리 없이 피어오른
아지랑이 사이로 숨어들고
미소 짓는 꽃망울들
향기를 뽐내며 피어난다

기지개 켠 농부들
번득이는 삽날을 세워
씨앗 뿌리고
아장아장 아가들
노랑나비 오라 한다

모락모락 피어오른 아지랑이
텃밭에 주저앉아
지지배배 종달새 노래 소리
허기질 줄 모른다

햇볕이 내리는 오후
아지랑이 춤추며

하늘 높이 높이 올라간다

나도 따라 올라간다.

어느 봄날

고을 가득
꽃물결로 흥건하다
가족들의 나들이
얼굴엔 환한 웃음이 가득
행복이 넘친다

아지랑이 아롱아롱
종달새 지지배배
담장 밑 수줍은 민들레
입덧을 하더니만
어느새 한 가족 꾸렸네

봄이 찾아온 새날
눈이 부셔 현기증이 난다
이 좋은 날에
어여쁜 사람 만나
꽃비 맞으며
한없이 걷고 싶다.

벚꽃 향연饗宴

나란히 나란히 정렬된
벚꽃 가로수 길
분홍 꽃잎 무수히 피었네

나도 모르게 만져버린
작은 꽃잎 하나
내 손바닥에
머물러 수를 놓았네

사뿐 사뿐
즈려밟은 꽃잎
포근한 온기溫氣 미소로 반짝이네

작은 가지 꽃송이
가까이 더 가까이
입맞춤 하라 하네.

들꽃 잠

그대 없는 오솔길
나 혼자 걸으면
잦아드는 쪽빛 그리움
풀섶에 숨쉰다

새벽이슬 또르르 또르르
눈물이 되고
들꽃들의 손짓에
나그네 된다

귀 밑을 간질이는 바람
상념想念에 마음 흔들면
그리움 벽차 멍에 지고
상기된 얼굴로 무거운
발길 옮긴다

언덕배기 오솔길에
상처 난 발자국
들국화로 피었어라
들꽃 잠에 취해

꿈속에서라도
그대 품에 안기고 싶다.

안양천安養川

벚꽃 흐드러지게 핀
안양천 뚝방 길
팔짱 낀 처녀총각
사랑 속삭이고

호호백발 관악산
봉우리에 뭉게구름 걸쳐놓고
석양빛 반짝이는
안양천에 잠길 때

작은 인연으로 시작된
향기로운 만남
정화淨化된 맑은 물처럼
행복으로 가득하고

벚꽃잎 지더라도
예쁘고 아름다운 사랑
영원하길 소망所望한다.

학의천

살아 숨 쉬는 생명이 얼마나 아름다운지
학의천에 와 보면 압니다

오늘도 변함없이
징검다리를 조용히 건너고 있는
저녁 마지막 햇살의 발뒤꿈치에
온몸이 한결 더 가벼워 보이는 잉어 떼
비배쫑 비배쫑 낮게 날으는
종달새의 날갯짓이 활기차다

세월을 머금은 마른갈대
꽃샘바람에 출렁이고
한파寒波를 이겨낸 새 생명들이
앞 다투어 세상구경 나선다

냇물소리 청아淸雅하고
버들강아지 뽀송뽀송 피어나
해바라기 하늘 정겨운 학의천
그 기운을 받아
운동 삼매경三昧境에 빠진 사람들
행복한 웃음이 가득하다.

제 2부

마음에 꽃동산을 만들면

꽃빛 사랑

장미넝쿨 담장 너머로 쏟아져
붉은 핏물 드리우더니
어제 찾아온 비바람에
붉은 융단 깔았네

발걸음의 촉감이
비단이불 마냥 부드럽다

오월五月에 피어 유월六月이면
생生을 마감하는 너의 고운 색깔
수줍은 새색시 얼굴만큼 곱다

숲속의 나무들이
일제히 일어나 낯을 씻고
환호하는 유월

빨간 장미 꽃말
불타는 사랑, 열정을 담아
사랑하는 그대에게
한 아름 안기고 싶다.

유월六月은

유월은 신록의 계절이라 좋은 듯 싶네
한해의 중간에 있어 손에 쥔 것 없어도 풍족하고
밤나무 꽃 비릿한 내음에 생명감 느낄게고
솔방울 영그는 산바람 속에서
뻐꾸기 소릴 공으로 듣지 않겠는가
꿩, 참새, 굴뚝새 알을 낳고
솔잎 베고 낮잠을 자는 한가로움이 있고
어디 그뿐인가, 푸른 풀잎 사이로 쏟아지는 별떨기
꽃뱀도 잠이 들어 아득한 나라
소리 없이 떨어지는 목련처럼
진한 젊은 날의 삶을 되돌아 볼 수 있지 않겠나
평상에 술상 차려두고
산 그리매 속에 하얀 찔레꽃
그 꽃이 지는 자연의 이치를 깨닫지 않겠는가
성장기에서 성숙기로 가는 길목에 서 있기에
유월은 친구가 더 생각나고 그리워지는 것 아닌가

여보게 친구 만나서 술이나 한잔 함세.

금낭화

붉은 입술에 밥풀을 물고
꽃대에 대롱대롱 매달린
며느리밥풀 주머니

어린아이 허리춤에 매달린
복주머니를 닮아
앙증맞게 매달려

꽃송이 송이에
금화金貨가 가득 가득
산과 들 부자 되었네.

산山에 오르면

산에 오르면
야생화野生花는 향기로 피어 반기고
새들은 예쁜 노래로 맞이하고
구름은 산자락을 끌어 앉고 놓을 줄 모른다

이렇게 아름다운 산이
발길에 채이고 깎이어
무수한 상처에 피가 흐른다

그 아픈 고통을 이겨내며
굳건히 자리 지키는 산
정상頂上에 올라서면
발아래 유유히 다투지 않고
바다를 향해 흐르는 강물을 보며
옹기종기 모여 사는 마을을 보며

평화와 사랑을 배우고
자연의 섭리攝理에 흠뻑 빠져든다.

외출

물오른 가지에서
꽃봉오리 터지듯
겨우내 움츠렸던
봉긋한 가슴 활짝 펴고
봄바람은 외출을 시작한다

초록 긴 가지 끝
서성이는 노란 설렘에
행복한 미소 느린 동작으로 그리고
산새들 부리 끝으로
봄소식 물고와 내려놓는다

우주의 빅뱅은
봄볕의 따사로움으로
적막 뒤에 머물던
새 생명을 잠에서 깨울 때 시작된다.

산山이 되고 싶다

산이 되고 싶다

풀잎이 솟아나고
꽃도 피우고
열매도 주렁주렁 매달고
계절마다 옷을 갈아입는
산이 되고 싶다

바람 불면 바람 따라
물 흐르면 물 따라
눈비 오면 눈비 따라
세월 찾아 나서는
산이 되고 싶다

산속을 헤매는 다람쥐와
산속을 지키는 나무들과
산마루에 뭉게구름 쉬게 하는
산이 되고 싶다

숲속을 스치는 바람소리

바위틈을 졸졸 흐르는 시냇물 소리에
새들이 둥지 틀어 새 생명 잉태孕胎하는
산이 되고 싶다

사계절 옷 갈아입는
자연의 무대가 펼쳐지는
산이 되고 싶다.

소양호의 아침

물안개 피져
햇살 가득한 호수를 아롱인다

가슴으로 뱉어내는 물안개
한가락 담배연기처럼
서성이다 이내 사라져
감각할 수 없지만
소양호昭陽湖의 아침은 고요하다

가지런히 무지개 서리고 서려
잠깐이라도 들여다보면
얼비쳐 나오는 빗발로 눈이 부시다

호수에 모여든 냇물 강물들은
대답 없는 말 주고받으며
섞이어 머물다 이내 흩어져
서서히 하늘로 승화昇華한다

뱃길 따라 하얀 소용돌이
물에 비친 자연풍경이 아름답다

불어오는 바람 따라
기색氣色 바꿔 휘돌다가도
끝내 제 모양 갖춰 드러내고
안으로 방울방울 어지럼증이 감돌아
햇살 사려 빛날수록
영롱한 물결은 하나를 이룬다.

마음에 꽃동산을 만들면

마음에 꽃동산을 만들면
꽃향기 물씬 풍기는 꽃동산을 만들면
새들이 날아와 노래하고
벌 나비 날아와 사뿐히 내려 앉을 텐데

겨우내 모진 추위 이겨내고
꽃망울 터트린 새하얀 목련
산수유 꽃 노루귀 꽃 맑게 피는
그런 꽃동산을 만들면
다람쥐 눈 맞춰 이야기할 수 있을 텐데

옹달샘도 깊이 파
그대와 함께 꽃길을 만들면
방울방울 꽃잎에 이슬 맺히고
상처 난 아픈 가슴 멀리 떠난 추억들도
다시 찾아 올 텐데

마음에 꽃동산을 만들면……

마지막 여름날

길가에 핀 코스모스
갈대밭 너머 함박웃음의 해바라기
쌉싸래한 갯내음이 언덕을 넘어온다

살그머니 고개를 숙이기 시작한 벼이삭들
팔 벌린 늙은 허수아비
참새 떼 쫓기도 힘겹다

연못에 해가 비취면
주먹만 한 백련白蓮의
꽃봉오리가 열린다

장마의 끝을 알리는 바람 행렬에
뭉게구름이 무너지고
솔개가 하늘을 비상飛翔한다

때는 바야흐로
가을의 결실을 향해 익어가려는
한해 마지막 여름날을 이별한다.

청사廳舍 지킴이

다람쥐 쫑긋 귀 세우고
풀섶으로 쪼르르 쪼르르
숨바꼭질 한다

청설모 그네뛰기
꼬리 곧추 세우고
우아한 자태 뽐낸다

청사 찾아온 손님
다람쥐 손 비벼 인사하고
쫄랑쫄랑 앞장서 안내한다

푸르름으로 사는
너희들은 얼마나 행복한가
넓은 청사 뜨락
자유로이 오가며 두 눈을 깜박인다

고뇌에 찬 사람들은
힘없는 발걸음으로
청사 문을 두드린다

모든 근심 걱정 해소되어
푸르름으로 살 수 있다면
너희들 보다 더 행복할 텐데.

---

* 청사 : 의왕시청

오대산五臺山의 사계절

산등성에 살짝 피어오른 흰 구름
햇볕을 살며시 가리는 그림자
봉우리와 봉우리 사이를 징검다리 놓아
이따금 오대산을 감싸 안는다

산철쭉 꽃잎에 봄이 성글면
산기슭 기슭의 잔설을 녹이고
파릇파릇 움트는 독경소리에
잠자던 나뭇가지 산고의 고통 시작한다

신록이 왕성한 여름에
계곡 계곡마다 쫄랑대는 물소리
좁은 골짜기 바윗등을 넘어서
이름 모를 실개천으로 모여들어 곱게 흐른다

맑고 푸른 가을하늘
천역색깔로 풀어놓은 꽃자리
떠돌이새의 날갯짓 사이로
잔잔한 오색향연 일색이다

눈앞에 펼친 산비탈 알몸으로
함박눈 펑펑 맞으며
계절의 마지막 밤을 지샌다

나도 가는 한해가 아쉬워 밤잠을 설친다.

서낭당 해바라기

책마루*를 지나
서낭당 고갯길
난장이 해바라기
태양의 눈도장을
꾹꾹 찍고 있다

밤이 오면
산속 멧돼지 내려올까
무섭고 떨리지만
내일 또 내일
태양을 볼 수 있다는 기대로
시련의 밤을 이긴다

사나운 바람 불면
옆 친구의 도움으로
얼굴 부비며
사각사각
네 얼굴이 노랗게 광채로 탄다

고갯길 넘던 사람도

활활 뜨겁게 웃는
너의 미소에 반해 쉬어가고
상큼한 햇살이 내려앉은
고갯마루
고추잠자리 꽃밭 위를 포유하고
나 또한 매혹의 덫에 갇힌다.

* 책마루 : 의왕시 시립도서관

행복한 제주여행

빛이 어둠 사이를 가르고
햇빛을 몰고 오는 바람도
제주로 떠나는 우리들에게
잡을 수 없는 향기로 밀려온다

작렬하는 태양
소나기라도 내릴 듯
무더운 여름 바람에
에메랄드 빛 파도는
고운 모래를 핥고 달아난다

올레길 걸으며 펼쳐지는
제주의 아름다운 물빛 향연에
입은 쉴 틈이 없고
흐르는 땀방울 온몸을 적신다

파르르 파르르 물오른 횟감
구멍 난 술병만 가득하고
부딪는 건배에
하나 되어 힘이 절로 난다

제주의 밤 고요가 찾아드니
곽지 해수욕장 남녀탕
알몸으로 숨어들어
밤하늘 별을 세며
출렁이는 바다에 몸을 맡긴다.

백운산白雲山 한여름 밤

백운산 왕림골의 한여름 밤은 신난다
친구들 손잡고 멀리
하늘 바라보고 서 있으면
푸르른 동심童心에 쌓여
설레는 마음을 감추지 못하고서
입 크게 벌리고 맑은 웃음 짓는다

무엇이 그렇게 좋은지
무엇이 그렇게 좋은지

검은 하늘아래 별빛 어디가
좋아서 웃어대는지 싱글벙글
계곡물도 싱글벙글이다

밝은 별빛이
내 마음 속 고이 감싸두었던
그 동심의 꿈을 살짝 풀어헤치면
속속들이 감추었던 마음 속 보석들이
환한 미소가 되고 기쁨이 되어
금세 하늘로 튀어 올라 별이 되었다

어디서 별똥별이라도 내리면
산 너머 그곳에 찾아가 보자던
친구들이 그립다

그 시절 손잡고 환하게 웃던
친구들이 그립다.

제 3부

사랑하기에 좋은 계절

한가위 보름달

휘영청 밝은
한가위 보름달
가을밤 중천에 태어나
지구의 반짝이는 빛들이
일제히 숨을 죽인
짙은 암흑의 바다, 그 중심에
환한 빛을 밝히고
손을 내 밀어
같이 동행하자 살포시 내려앉는다

"친구야 친구야
소원하나 들어주렴"
두 손 모아 지그시 눈을 감고
어깨에 기대본다

태고太古적
첫 걸음의 그 시작으로 부터
첫 걸음의 그 형상으로부터
한가위 보름달은
어둠의 길 밝히는 꽃향기로
오늘도 나와 묵언默言의 동행同行을 한다.

가을 여행

햇살이 느슨한 오후
백운호수에 갔다

수십 년 호수를 지키고 선
솔松나무들의 향香이
내 혈관 속 분진을 쓸어내린다

거울처럼 반짝이는 푸른 물에
가을 산이 빠져 단풍으로 가득하다

청둥오리 한 마리
호수를 유영遊泳하며 물파장 만든다

쪽배 하나 기다림에 지쳐
물에 잠긴 가슴을 바람으로 달랜다

물속의 단풍은
잔잔한 파문에 몸을 맡긴 채
장엄한 화폭을 펼쳐 보인다

떨어진 낙엽들 어디로 가려는지
갈바람 타고 초행길 나서는
망설임이 초라하다

내 영혼도 낙엽처럼
대자연의 한 모퉁이 돌아
불타는 가을빛 속으로 침몰한다.

청계사淸溪寺

파란 하늘 옷자락 늘어뜨린 치마폭사이로
인두가 흔적을 남기며
조심스레 포물선을 그리면
바람에 풍경이 청아한 목소리로 부른다

청계산 높은 능선의 웃음이
하늘 내림의 옷자락에 맞닿아
곱게 묶어 놓은 여인의 옷고름을 나린다

부드러운 처녀의 젖가슴처럼
천년고찰千年古刹 속살을 드러내 보일쯤
설레는 가슴 금치 못하여
떨리는 손을 그대로 멈추어

당신의 곱디고운 자태만을
알 수 없는 눈물로 바라보며
천년도량 부처님의 자비慈悲로
온 세상 화평하기를 두 손 모아 기도한다.

은행나무의 가르침

가을이 떠나는 길은
온통 금빛물결 일색一色이다

황금빛 융단위로 흐르는
가을 이야기가
발끝에서 머리위로 솟아오른다

방금 떨어진 노오란 은행잎
숨결이 살아 있는 것 같아
밟기조차 두렵다

흩어지며 밟히며 부서지며
넘어지는
내 인생의 아픈 기억들

작은 하늘에서
늙어 죽어 가면서도
어깨위에 내려앉는 자연의 힘으로
지친 나에게 희망과 용기를 준다.

불꽃 잔치

현기증이 나도록 눈이 부시다
쪽물 가득 머금은 하늘
겹옷 사이로 스미는 바람

지갑은 얇아지는데
뜀박질 하는 물가物價
저만치 앞서간다

앉은 자리에서
한숨만 쉰다고 해결될 것도 아닌데
자리를 박차고 일어나보자

밖에선 자연이 한바탕
불꽃잔치를 준비하고
옷을 갈아입고 있다

금강金剛과 설악雪嶽에서 당겨진 불씨
붉고 노랗고 푸르른 흰 꽃으로
산이 즐겁게 타들어간다

오색불꽃이 도도히 밀려 남하南下하면
화려한 불꽃 낙엽이 되기 전에
불구경을 가보자

흥겨운 여정旅程이 끝날 때 쯤
활기를 되찾은
내 어깨에도 힘이 불끈 솟는다.

청계산 단풍잎

굽이굽이 맛집이 내려 앉아
길손 입맛 돋구는 청계사 길
비단에 수놓은 듯
만산홍엽에 취해
단풍길 걸으면 마음도 물든다

새소리, 물소리, 목탁소리
부처님 가시던 길 찾아가는 길
청계사 풍경소리에 붉고 붉은 아기단풍
고사리 손 흔들어 반기고
곱게 차려입은 청계산 오색단풍
모여든 길손과 한바탕 웃음꽃 피우더니
아침 햇살에 안겨 한 폭의 수채화 그려낸다
계곡 따라 오르면 거울처럼 맑은 물
살며시 손 담그면
단풍잎 어느새 다가와
빨간 물 들여놓고 달아난다

가을바람에 곱게 물든 단풍미인
단丹이와 풍楓이가 만나 사랑 속삭이면

타오르는 뜨거운 가슴 풀어
행복한 단풍 길에서 그녀를 만나야겠다.

사랑하기에 좋은 계절

우리 맞잡은 손에
땀을 나게 하던
곡식들을 살찌게 하던 여름도
밤손님처럼 다가오는
가을 앞에서
어쩔 수 없나보다

가을은 사랑하는 이의 얼굴을
더욱 생각나게 하는
마력魔力이 있나보다
불과 몇 시간 전에 보았던
너의 얼굴이 또 아른거리니

왠지 방에 혼자 있으면
수첩을 꺼내보기도
전화기를 만지작거리기도
이처럼 가을은 혼자 있기엔
너무 아쉬움이 남는
계절인가 보다

조금은 쌀쌀한 새벽에
발길 없는 한적한
공원 벤치에 앉아
너와 이슬냄새 나는
가을바람을 느끼고 싶다
하얀 달을 보고 싶다

홀로 서 있는
가로등 불빛이
분위기를 더할 때
너와 입 맞추고 싶다
사랑을 속삭이고 싶다

가을은
이렇게 연인들의 마음을
가만 못 있게 하는
사랑하기에
좋은 계절인가보다.

당신에게 띄우는 가을 편지

사랑하는 당신에게!
계절의 왕인 가을, 가을에는 왠지 마음이 설레이고 환상의 만남이 이루어질 것만 같은 예감, 낭만과 추억이 겹쳐지는 정겨운 느낌이 억누를 수 없는 행복 속으로 빠져든다.
가을의 정취, 생각만 해도 마음이 넉넉하고 짜릿한 전율을 느낄 수 있어 좋다.
한들한들 날개 짓으로 자태를 뽐내는 억새꽃, 해거름이 되어서 떨어지는 은행잎, 고목가지 끝 연홍색으로 익어가는 감, 자연의 신비함을, 가을의 공활함을 시인들은 저마다 노래한다.
새색시의 수줍음과 같이 곱게 물든 단풍, 높고 구름 한 점 없이 드넓은 창공을 보며 당신은 얼마나 많은 감탄사를 허공에 울려 퍼지게 했을까?
들녘에는 황금물결 넘실대고 산과 산이 곡선지어 만나는 산모롱이와 높고 낮은 명산에는 얼마나 많은 완산객들이 몰려들었을까?
위로 받고자 떠나는 사람들, 가을의 정겨움에 풀리지 않는 매듭을 풀어 보고자 온 낮은 산, 지구 끝이라도 떠날 것 같이 굳게 결심한 저마다의 마음속에서는 못 이룬 꿈이 가라앉아 용트림하고 있겠지.

당신은 곱게 물든 단풍을 보며 형언할 수 없는 아름다움에 도취되어 촉촉해진 감정을 다스리려 힘겹겠지.
그래도 결실의 기쁨은 해맑은 미소를 안겨준다.
밭두렁 비탈에 누렇게 익은 호박들은 일 년 내내 허한 당신의 몸 보호를 위해 건강식품으로 각광 받겠지.
들녘에 누렇게 익은 벼이삭들은 모진 풍파를 말해주듯 제각기 멋대로 쓰러져 있어도 가꾼 이는 가을의 겸허함으로 허탈감을 극복할 것이고, 밭마다 빨갛게 익은 고추는 정성으로 수확하여 한 알 한 알 태양에 말리면 김치의 주된 양념으로 당신의 마음을 사로잡을 것이다.

고향에 계신 부모님께서는 힘에 부친 수고를 내색치 않으시고 주름진 얼굴에 미소를 띠시며 자식들에게 나누어 주시겠지.
받아먹는 자식들은 무엇으로 보답할까?
알뜰살뜰한 정성이 생각날 때면 마음속 깊은 곳으로부터의 감사함으로 눈가엔 소리 없이 이슬이 맺는다.
이 아름다운 서정을 담아 당신에게 보내드리오니 웃음과 기쁨이 넘쳐나길 바라며 다람쥐 쳇바퀴 돌 듯한 일상에서 과감히 벗어나 마음속 슬픔 고뇌와 번민은 깊은 가을의 상념과 함께 날려 보내고 풍성한 마음과 밝은 기분으로 마음의 문을 활짝 열고 불우한 이웃과 정을 나누고 부모형제를 따뜻한 온정과 사랑으로 이해하며 더불어 보살피고 조금씩 생각의 폭을 넓혀 나가자.
그리하면 행복은 우리 곁으로 다가와 가을 노래를 들려줄 수 있을 것이다.

가을편지

해질녘 먼들, 어스름이
내 눈 안에 들어서면
곱게 단장한 들녘이
온통 황금물결로 눈물겹습니다

말로 글로 다 표현할 수 없는
사랑의 정감과 행복
내 가슴속에 눈물겨운 인정을
당신은 아시는지요

해지는 풀섶에서 울어대는

풀벌레 울음소리 따라
오솔길 열리고
먼들 끝에서 살아나는
불빛을 찾습니다.

내가 가고, 해가 가고, 가을이 가고
꽃이 피는 작은 흙길에서
저녁 이슬 내 발등을 적시는
이 아름다운 서정의 결실을
당신께 안겨 드립니다.

* 이필정 시집 아름다운 여정(2009. 5. 29) 수록 시

행복의 기쁨은 당신이 만들어 가는 것이 아닐까요?
우리 모두 행복해지는 그날까지 사랑과 봉사 실천 하도록 해요.
당신을 사랑합니다.

가을날에

가을 햇살이 맨발로 달려오는 날
덜 익은 과일 익게 하고
나뭇잎 누렇게 물들인다

지난여름 애인을 잃은 가슴에
서러운 물무늬 타고 떠나는 낙엽
스쳐가는 바람에 아쉬움 되고 그리움 된다

해맑은 가을햇살 서산에 기울면
멀리 산맥으로 겹쳐진 배경아래
석양은 허공虛空을 적시는 황금물결

수국水菊이 반기던 들판엔
억새꽃이 미치도록 넘실거려
얼마 남지 않은 가을의 풍요에

나의 가을도 눈물겹게 넘친다
낙엽에 그리운 사람아, 사람아
이 가을이 떠나기 전에 사랑의 꽃을 피우자.

석양夕陽

사무실 유리창 너머
하루의 노동을 마친 태양이
오봉산 산마루에
걸터앉아 잠시 쉬고 있다
오가는 행인들도
하루가 고단한지 어깨가 처져있다

다시 힘내자고, 늙지 말자고
위하여!를 외치며 부딪치는
술잔 몇 순배 든 후
다시 쳐다본 그 자리
오봉산 산마루도 벌겋게 취해 있다
내 눈자위도 볼그족족하다

내일 또 활기차게 시작해야지.

나목裸木의 겨울나기

계절의 변화에
나목도 쉬어갑니다

꽃도, 열매도, 잎사귀도
다 벗어 버렸습니다

모든 것 다 벗고 나면
앙상한 가지만 남아
눈이 시리고 추워요

때마다 옷 갈아입으며
마냥,
으스대며 살더니만

모진 겨울나기
나를 돌아볼 수 있어 좋아요

흰 눈을 맞으며
하얀 마음 만들어

봄이 오면
튼실한 몸으로
예쁜 꽃을 피어야지요

그리하여
가을에는 벌레 먹지 않은 열매
다시, 주렁주렁 열리게 해야지요.

얄미운 사람

당신 인간성人間性부터 돌아봐야
다른 사람 입장 이해하지 않겠는가

물에 빠져 허우적대는 당신 구해 주었더니
주인행세 보따리 내놓으란다

상대방의 가슴에 비수匕首를 꽂으며
안하무인眼下無人 제 것이 옳다고 주절인다

출, 퇴근도 마음대로
언행言行도 마음대로
기본과 원칙 무시하는 당신은 불쌍한 중생衆生

계획성 있게 차분하게 일처리하고
타에 모범이 되어야
믿고 따라 하지 않겠는가

꼭꼭 문단속을 하는 나도
어느 날 떠날 준비를 할 때는
스스로 갇혔던 벽돌을 허물고 밖으로 나와

바람 속에 서 있을게다

아무 두려움 없이 천천히
맨손으로 어둠을 풀고 들어서기 위해서
한낮동안 저지른 실수
간결하고도 뉘우침 없이는
다른 곳에 돌멩이 하나도 옮기지 못하고
사랑에서 바로 이별로 뛰어가게 될 것이다.

나의 설계도設計圖

양지바른 언덕아래
아늑한 전원주택田園住宅 한 채 지어
숨결 고운 아기햇살 쉬이 넘나들게
야트막한 싸리나무로 사립문 단장하고
귀여운 강아지 한 쌍 키우고 싶다

봄이면 개나리, 진달래 심어
마음껏 흐드러지게 하고
향그러운 들꽃 향기 맡고
벌, 나비 찾아오면
화려한 왈츠댄스 함께 추고 싶다

여름이면 텃밭에
상추, 쑥갓, 푸성귀 심어
향기로운 흙내음 얹어먹고
힘자랑 구릿빛 얼굴
밝은 미소로 살고 싶다

가을이면 툇마루에 앉아
이슬이 소리 없이 내리는 뜨락

별님과 달님 초대하여
풀벌레 교향악을 들을 수 있는
아름다운 추억 만들고 싶다.

겨울이면 문풍지 우는소리 들으며
손자, 손녀에게
옛날 옛적 이야기 들려주고
화롯불에 밤, 고구마 구워
행복에 젖을 수 있는
예쁜 나의 설계도 한 장 그리고 싶다.

겨울 백사장白沙場

푸른 바다가 빚어낸 백사장이
하얀 백설白雪에 은빛으로 빛난다

푸른 하늘엔 흰 구름
수평선 위엔 금빛 햇살기둥

눈꽃으로 반짝이는 외딴섬 백사장
하얀 파도가 핥고 지나간다

겨울바다 흰 백사장에
사복사복 행복을 새겨 놓으며

상상 속 연체동물로 퇴화退化하려는
시나브로 용궁龍宮의 비경秘境을 그리는 동안

어느덧
석양도 물새 울음에 젖고
쓰러진 술병 너머로 영그는 정情에

밤하늘 잔별들만 새벽꿈으로 넘실댄다.

제 4 부

당신이 있어 행복합니다

해지고 나면

오순도순 정겹던 마을에도
아이들의 웃음소리 가득하던 운동장에도
묵화墨畵처럼 어둠이 내리면
안으로 깊어가는 저녁 새로이 꿈꾼다

사물마다 제각각 내뿜는 정기精氣
낮과 밤 또 다른 이야기 풀어내고
조심스레
저녁 언덕 걸어오는 너를 본다

갈등과 반목, 방황의 시간을 접고
마음의 눈물 털어내며
이슬에 젖은 바람 불어오면
상한 영혼 달이 뜨고

고요가 깊어가는 오솔길 위로
사그락 사그락 나뭇잎 하나 내려앉으면
낮의 고단함 깔고 앉아
혼잣말로 중얼대며 사위어가는 사물을 바라볼 뿐.

그리움

어렴풋 꿈결인가
새벽 빗소리 들려와
잠결에 눈을 뜨니
불빛 새던 창가에
살며시 찾아온 뉘 발소린가
들릴 듯 말 듯 발소리 낮추어
내 곁에 나란히 눕는 새벽 빗소리
꿈길로 찾아오는 아련한 사람아
나의 빈 뜨락을 적시는 정겨운 이여
돌돌돌 어릿한 물소리
꿈결에 넘쳐 넘쳐
꿈의 이랑을 넘치네

그리움이 이랑을 넘치네.

당신이 있어 행복합니다

인생의 절반을 채우기 위해
부부의 인연을 맺은
당신이 아름답습니다

천 갈래 만 갈래 강물에 비쳐지는 달빛은
한 송이 크나큰 함박꽃으로 활짝 피어
당신 곁으로 다가옵니다

문득 스치는 회상 속에서도
서로 반가운
당신이 되었으면 합니다

인생의 힘겨운 무게로 하여
막막할 때
기뻐하기도 하고 설레이기도 하면서

서로 위안이 되고 등불이 되는
마음에 기댈 수 있는
당신이 되었으면 합니다.

산다는 것은

가을이 되면
강물도
낙엽을 붉게
태우는 것을 알았다

버려야 할 것은
남아 있어야 할 것은
사람만이 아닌가 보다

낙엽을 태우는
시간을 기다려
내게서 버려야할 것은
함께 태우고 싶다

마른 눈물 떨구며
지는 석양에서
갈대도 바람에
갈빛 웃음 토해내고 있다

그립지 않은 사람

잊을 수 없는 사람
없는 이가 누구인가

산다는 것
그렇게 그리운 사람들을
조금씩 강물과 함께
떠나보내는 것일 게다

석양도
강물위에서
붉은 몸을 씻고
어둠속으로 떠나려 한다.

당신의 넓은 가슴

노여운 바람에
태양도 몸을 움츠리고

팽팽하게 긴장한 나무들도
팔을 감싸고 동그랗게 오므린다

거친 파도에 몸을 다칠까봐
배들도 뭍으로 숨어든다

달구어진 도로
잿빛 두통頭痛으로 사경死境을 헤매어도

장한 햇빛에 불안해지는
음지陰地의 피부

어디가 시작이고
어디가 끝인지 몰라도
앞에서 다가오는 이 길

당신의 넓은 가슴이 있어
무의식의 변주變奏를 꿈꾼다.

망각忘却은 자유를 준다

빛을 부수는 어둠속에
버겁던 하루의 일상日常들이
말없이 사라지고

어둠은 빛깔도 없는데
흐르는 빛 속에
우리는 구속拘束되는 것인가

혼돈混沌의 어제와
음란淫亂한 오늘과 내일의 사이
방황彷徨의 늪에서 허우적대는

그 속에 흐르는
나의 혈맥血脈을 까만 밤처럼
잊어야만 했다

어두운 빛깔처럼
망각은
자유를 주는 것이라서.

짝伴侶

어쩌면 난
하루하루 널 보기위해 살아가는지도 모른다
내 곁에 두고 너를 바라볼 때면
어김없이 나의 얼굴엔 미소가
행복이 벅차오름을 느낄 수 있다

나와는 너무 가까이에 있지만
잠시라도 네가 보이지 않을 때면
언제나 나는 처음 만났던 그 감정 설레임을 느낀다

하루 끝을 알려주는 너를 바라볼 때면
하루의 고단함으로 양어깨를 짓누르던 중압감이
이내 가벼워지고 모든 피로가 사라지는 것 같다

하루 종일 나의 몸을 감쌌던 긴장
너의 그 반짝임으로 긴장이 풀리고
오늘도 나는 너에게 한 발짝 더 다가감을 느낀다

너는 나에게 행복을 주는 영원한 짝으로
나약하고 병든 나를 잡아주는 내 삶의 활력소

부족한 나를 채워주는
평생을 같이 가야할 내 삶의 운명 같은 것

어쩌면 난
하루하루 널 보기 위해 살아가는지도 모른다.

인생길

침묵의 가지에
흙으로 핀 꽃들이
공간을 메우는 달빛에
짙은 호젓함이 더 소소하네

사람아, 사람아 이런 밤엔
운명처럼 사랑하라
불꽃처럼 사랑하라
백년 천년 살 것처럼
그렇게 죽도록 사랑하라

생명의 가치 무너져
긴 여로에 지친 발걸음
야심한 밤 더 무너지고
쓰라린 눈물만 흐른다

달무리로 뜬소문 너무 아파
산허리에 기대던 달빛도
아무 말 없이 슬그머니
꽃 그림자 흔들고 간다

가지에 무성한
비난소리 들어도
당신은 늘
오는 데로 오고, 가는 데로 가고
후회는 약자의 변명辨明소리
사람은 늘 어긋나며 살아간다

그렇게 살아간다.

중년中年 인생

어두운 계곡 후미진 오솔길에도
계절은 바뀌고 야생화는 자란다

온갖 세파와 동고동락하니
이제 조금은 세상을 알 것 같다

산기슭에 걸터앉은 흰 구름 멍석을 깔아놓고
세상을 내려다보며 노래하는 작은 새

한 수렁에 빠져 사시나무 떨듯 노래를 불러보자
그러다 보면 너와 나는 서로 닮아가겠지

후생後生에
너는 푸른 세상 꿈꾸는 반딧불이로 살고
나는 길섶 이름 없는 들꽃으로 살자

파도가 몰아치면 살아지는 갯바위 흔적 같아도
작은 우리 큰 꿈을 꾸며 살자
짧은 삶의 노래를 위해 기나긴 인내의 시간을 갖는 매미처럼

내 인생을 꿈꾸더라도 기약하지 말고
이승의 고통은 태양에 널어놓고
신들린 행복만을 불러내어 춤추고 노래하자

폭풍우 뒤에 오는 무지개처럼 예쁜 꽃이 되자
내 주어진 몫을 나비처럼 사뿐사뿐 날아서 콩콩 뛰는 심장으로
중년의 인생 불처럼 꽃처럼 피워보자.

내 인생人生은

내 인생은
불빛 라일락의
빛과 향기 같은 것

가다가다
후미진 굴형이 있어
뛰어가기도 하고
걸어가기도 하고
쉬어가기도 하면서
망망대해 항해 하다가

내려가 혼자 호젓이 앉아
이마에 땀도 들이고
사랑하는 이와 오롯이
마주앉아 대화도 나누는

불빛 라일락의
빛과 향기 같은 인생
그런 인생 아닌가.

황혼黃昏

머리에 흰 수건 얹고
모시적삼 걸친 농촌 할머니
벼 익는 햇볕 등짝에 받으며
멍석위에 붉은 고추 널고 있네
햇볕 속 까만 쭈그렁 손가락이
붉은 고추를 갈퀴질 하네

신랑 각시적
연지곤지 찍고 족두리 쓰고 절할 때
붉은 닭 벼슬, 맨드라미처럼
눈앞에 불탔고
한 마당에서 씨를 뿌리고 꽃을 피웠네

닭 벼슬 곧추세우던 할아버지
붉은 맨드라미 속에 들어가 보이지 않네

매웁던 사랑 생각하며
얼얼한 손으로
멍석 위 주저앉은 햇살만 쓸어 모으는 할머니
세월의 무게만큼 주름만 깊어간다.

스쳐가는 바람

이승에서 꽃처럼, 나비처럼
웃음으로 살더니만
어느 날 슬그머니 돌아누운 너

희미한 발자국마저
두어 번의 얄미운 바람에
다녀간 흔적조차 남기지 않은 채

귓가에 맴돌던
옅은 날들의 주절거림은
묻히고 묻혀 흙으로 돌아간다

빙그르 오르는 향내음에
눈물만 흐르는 것은
너의 마지못할 위로인가

걸어갈 길이 더 많이 남은 너는
아롱진 기억의 방울방울에
그렇게 눈자위를 배회徘徊할 뿐

지금 또 이렇게

너와 나
흘러간 어귀 어귀를 거슬러 오르면

짤막한 그 찬란함 속에
너의 웃음이 있겠고
우리의 추억이 있겠고
반년의 앨범 한 장 한 장에
너의 괴로움이 기쁨이 있겠고
그 위에 뽀얗게 앉은 우리의 손때 위엔
네 지문指紋이 포개지고

넌 그렇게
이르게 떨어진 풀잎처럼, 꽃잎처럼
남은 해를 저승에서 더 푸르게 보내겠지

나는 너를 잊으려
조용히 눈을 감고
큰북 소리 들으며 작일을 지운다

세월의 슬픔은 스쳐가는 바람일 뿐…

바람은

하루를 통해서
부는 바람에도
저마다 다른 색깔이 있다

풀잎에 찬이슬
내려놓고 가는 바람

아름다운 꽃향기
전해주는 바람

오색단풍 물들이는
예쁜 처녀 바람

석양빛 노을에
뭉게구름 드리우는 바람

밤하늘 반짝이는
별을 몰고 오는 바람

온종일
고운바람 향기로운 바람만
불었으면 좋겠다.

자연과 인간의 동질적 서정 미학

김송배(시인·한국문인협회 부이사장)

1. '중년 인생' 과 시간의 함수

현대시의 구조를 이해하려면 그 시인의 의식의 흐름이 어떠한 지향적인 사유(思惟)를 통해서 탐구하는가 하는 내적 진실을 먼저 살펴볼 필요가 있다. 이는 한 작품이나 시집 전체에서 적시(摘示)하는 소재와 주제 혹은 언어에 이르기까지 그의 의식의 향방을 깊게 통찰(洞察)하는 심리적인 한 방법으로 작품을 이해해야 한다.

여기 이필정의 제5시집 『사랑하기에 좋은 계절』의 원고를 일별하면서 문득 이러한 의식세계까지 집착하게 되는 것은 이필정 시인이 귀중하게 소유한 시 정신의 일면들이 그의 작품 속에서 어떻게 용해(溶解)되고 있으며 어떻게 융합(融合)하고 있는가를 먼저 살피지 않으면 안 되었기 때문이다.

이필정 시인은 대체로 이 시집에서 포괄적으로 현현한 시 정신과 주제는 시간성에 대한 탐색이 그의 주된 정서의 지향점임을 간과(看過)할 수 없게 하고 있다. 그가 이미 '책머리에' 서 말한 바와 같이 '시는 자기 생활을 관찰해 볼 수 있는 근사한 경험' 이라는 시적 효용을 정서의 저변에 펼치면서 그가 탐닉(耽溺)하는 작품의 주제를 시간성에서 승화하고 있음을 알 수 있다.

어두운 계곡 후미진 오솔길에도
계절은 바뀌고 야생화는 자란다

온갖 세파와 동고동락하니
이제 조금은 세상을 알 것 같다

산기슭에 걸터앉은 흰 구름 멍석을 깔아놓고
세상을 내려다보며 노래하는 작은 새

한 수렁에 빠져 사시나무 떨듯 노래를 불러보자
그러다 보면 너와 나는 서로 닮아 가겠지

후생(後生)에
너는 푸른 세상 꿈꾸는 반딧불이로 살고
나는 길섶 이름 없는 들꽃으로 살자

파도가 몰아치면 살아지는 갯바위 흔적 같아도
작은 우리 큰 꿈을 꾸며 살자
짧은 삶의 노래를 위해 기나긴 인내의 시간을 갖는 매미처럼

내 인생을 꿈꾸더라도 기약하지 말고
이승의 고통은 태양에 널어놓고

신들린 행복만을 불러내어 춤추고 노래하자

폭풍우 뒤에 오는 무지개처럼 예쁜 꽃이 되자
내 주어진 몫을 나비처럼 사뿐사뿐 날아서 콩콩 뛰는 심장으로
중년의 인생 불처럼 꽃처럼 피워보자.

위의 작품 「중년(中年) 인생」 전문에서 알 수 있듯이 '온갖 세파와 동고동락하니 / 이제 조금은 세상을 알 것 같다'는 어조(語調)는 이필정 시인이 지금 중년이 되어서 인식(認識)하는 인생과 현실(세상)의 절실한 단면이라고 할 수 있다.

그가 '나는 길섶 이름 없는 들꽃으로 살자' 라는 시적 화자(話者)를 통해서 인식한 자아 성찰(自我省察)의 메시지는 그의 '큰 꿈' 과 '짧은 삶의 노래' 에서 원천적(源泉的)으로 관류(灌流)하는 심저(心底)를 그의 가치관으로 형상화하는 시법을 이해하게 된다.

그는 또한 '중년의 인생 불처럼 꽃처럼 피워보자.' 라거나 '춤추고 노래하자' 는 등의 어조와 같이 '…보자', '…하자' 라는 종결어미로 자신의 소신을 명징(明澄)하게 적시함으로써 '중년' 의 심회(心懷)를 시적 진실로 접근시키고 있다.

이필정 시인은 이러한 인생의 의미가 그의 의식 속에서 '인내의 시간' 등으로 시간성과 밀접한 동행을 통해서 그가 추구하려는 인식의 체계가 확립되고 그가 지향하려는 시적(혹은 이상적) 인생의 행로를 설정하면서 존재를 확인하

고 있다.

그가 이렇게 시간성에 집착하면서 인생과의 함수(函數)를 구가(謳歌)하는 일련의 가치관 창조에 정서의 중요한 요체(要諦)를 현현하는 것도 '흩어지며 밟히며 부서지며 / 넘어지는 / 내 인생의 아픈 기억들 // 작은 하늘에서 / 늙어 죽어 가면서도 / 어깨 위에 내려앉는 자연의 힘으로 / 지친 나에게 희망과 용기를 준다(「은행나무의 가르침」 중에서)' 는 그의 '아픈 기억들' 과 '늙어 죽어' 라는 시간성과 융합하여 거기에서 체득(體得)한 진실이 '자연의 힘' 이며 '희망과 용기' 라고 할 수 있다.

이필정 시인이 천착(穿鑿)하는 시간성은 다양하게 현현되고 있다. '세월을 머금은 마른 갈대 / 꽃샘바람에 출렁이고 / 한파(寒波)를 이겨낸 새 생명들이 / 앞 다투어 세상구경 나선다(「학의천」 중에서)' 거나 '저녁 마지막 햇살' 과 '세월의 끝자락', '혼돈의 시간 속에 살아간다' 는 등의 어조는 바로 그가 존재의 의미를 탐색하는 과정에서 잡다한 인생의 체험을 정제(淨濟)하는 시법으로 성찰을 적시하고 있음을 이해할 수 있다.

이처럼 그는 '중년 인생' 에서 새로운 가치관을 창출하려는 정서의 중심축은 과연 인생이란 무엇인가 혹은 참다운 인생의 길은 어떤 것인가라는 철학적인 의문을 동반하고 그의 해법을 찾고 있다. 이것이 그가 명징하게 표현하려는 시의 주제이며 앞으로 영위해야 할 인생관의 목표이

기도 할 것이다.

> 내 인생은
> 불빛 라일락의
> 빛과 향기 같은 것
>
> —「내 인생은」 중에서

이렇게 자신의 '인생'에 관해서 자인하고 수긍하는 성찰의 진솔한 형상화가 그의 체취(體臭)와 사유의 심연(深淵)에서 동류(同類)의 형태로 분사(噴射)하고 있지만, 그 내면에는 '생명의 가치 무너져 / 긴 여로에 지친 발걸음 / 야심한 밤 다 무너지고 / 쓰라린 눈물만 흐른다(「인생길」 중에서)'는 고뇌도 동시에 발현하는 점을 간과할 수 없을 것이다.

2. 기원 의식의 시적 진실

이필정 시인의 의식에는 이와 같은 자성의 사유는 일단 새로운 변화를 모색하게 되는데 대체로 시인들은 자신의 체험을 재생하면서 우선 인식의 단계를 거쳐서 성찰의 심리적인 안정을 구가하지만, 현실은 그들에게 안정과 긍정을 부여하지 않고 고뇌나 번민이라는 또 다른 형태의 실상과 직면하게 된다.

이필정 시인도 이러한 현실적인 갈등이 그의 내면에서는 새로운 향방의 의식을 구축하게 되는데 기원(祈願)의 의지로 분화하고 있다. 다음과 같이 몇 갈래의 형상으로 나타난다.

—온종일 / 고운 바람 향기로운 바람만 / 불었으면 좋겠다.(「바람은」 중에서)

—낙엽을 태우는 / 시간을 기다려 / 내게서 버려야할 것은 / 함께 태우고 싶다.(「산다는 것은」 중에서)

—서로 위안이 되고 등불이 되는 / 마음에 기댈 수 있는 / 당신이 되었으면 합니다.(「당신이 있어 행복합니다」 중에서)

—여름이면 텃밭에 / 상추, 쑥갓, 푸성귀 심어 / 향기로운 흙내음 얹어먹고 / 힘자랑 구릿빛 얼굴 / 밝은 미소로 살고 싶다(「나의 설계도」 중에서)

—숲속을 스치는 바람소리 / 바위틈을 졸졸 흐르는 시냇물소리에 / 새들이 둥지 틀어 새 생명 잉태하는 / 산이 되고 싶다(「산이 되고 싶다」 중에서)

—빨간 장미 꽃말 / 불타는 사랑, 열정을 담아 / 사랑하는 그대에게 / 한 아름 안기고 싶다(「꽃빛 사랑」 중에서)

—백옥처럼 눈이 시리게 / 불어오는 바람따라 새봄 찾아오면 / 꽃 피우고 튼실한 열매 맺어 / 몸과 마음 살찌우게 하련다(「새 희망을 꿈꾸며」 중에서)

—어서 / 연초록 봄이 찾아와 / 조였던 가슴 활작 열고 / 당신과의 입맞춤 포옹으로 / 새 희망 새 꿈 활짝 / 펼쳤으면……(「기다림」 중에서)

—봄이 찾아온 새날 / 눈이 부셔 현기증이 난다 / 이 좋은 날에 / 어여쁜 사람 만나 / 꽃비 맞으며 / 한없이 걷고 싶다.(「어느 봄날」 중에서)

보라. 여기에서 우리가 주목해야 할 언어는 '……싶다'라는 보조 형용사의 빈도수(頻度數)이다. 이러한 기원의 언어는 앞에서도 말한 바와 같이 실재(實在)의 사실과 시적 사유의 융합이 괴리(乖離)되거나 갈등 요인이 발생하여 이를 정화하고 화해하는 요소로서의 심리적 변화가 기원의 의지로 형상화하는 시법으로 나타나고 있다.

이필정 시인은 그의 시적 원류를 형성하고 있는 내재적인 의식의 흐름(stream of consciousness)이 지향적인 사유를 흡인하여 현실과 이상의 세계에서 새롭고 좀 더 진취적인 휴머니즘(humanism－인본주의)의 성취를 위한 노력이라고 이해할 수 있을 것이다.

대체로 그의 기원은 그동안 절실하게 구현하려던 '사랑' 의 대전제를 위해서 '벚꽃잎 지더라도 / 예쁘고 아름다운 사랑 / 영원하길 소망한다.(「안양천」 중에서)' 라는 어조와 같이 '예쁘고 아름다운 사랑' 이거나 '사랑하는 그대' 혹은 '그대 품에 안기고 싶' 은 사랑에 대한 합창이라고 할 수 있다.

특히 이 시집의 표제시가 되는 「사랑하기에 좋은 계절」에서는 '가을은 사랑하는 이의 얼굴을 / 더욱 생각나게 하는 / 마력이 있나보다 / 불과 몇 시간 전에 보았던 / 너의 얼굴이 또 아른거리니' 또는 '가을은 / 이렇게 연인들의 마음을 / 가만 못 있게 하는 / 사랑하기에 / 좋은 계절인가 보다.' 는 등의 어조가 내포(內包)한 사랑의 미학을 위한 시법의 전개가 다채롭게 현현되고 있다.

조금은 쌀쌀한 새벽에
발길 없는 한적한
공원 벤치에 앉아
너와 이슬냄새 나는
가을바람을 느끼고 싶다

가을 달을 보고 싶다

홀로 서 있는
가로등 불빛이
분위기를 더할 때
너와 입 맞추고 싶다
사랑을 속삭이고 싶다

—「사랑하기에 좋은 계절」 중에서

그렇다. 이필정 시인이 갈구(渴求)하면서 탐색하는 사랑미학은 기원의 의지가 계절적인 시간성과 불가분의 관계로 시적 상황(situation)을 설정하고 그가 지향하는 존재의 이유를 투영하는 시법으로 형상화하고 있음을 이해하게 된다.

3. '그리움' 이 승화한 내적 성찰

한편 이필정 시인의 사유에는 사랑학의 단초는 '그리움' 에 근원을 두고 있다. 그는 이 '그리움' 의 시적 원류가 바로 사랑의 대상인 시적화자 '당신(혹은 너)' 에 대한 애절한 정표를 메시지로 전달하는 내적 성찰의 인정 넘치는 언술로 현현되고 있다.

어렴풋 꿈결인가
새벽 빗소리 들려와
잠결에 눈을 뜨니
불빛 새던 창가에

살며시 찾아온 뉘 발소린가
들릴 듯 말 듯 발소리 낮추어
내 곁에 나란히 눕는 새벽 빗소리
꿈길로 찾아오는 아련한 사람아
나의 빈 뜨락을 적시는 정겨운 이여
돌돌돌 어릿한 물소리
꿈결에 넘쳐넘쳐
꿈의 이랑 넘치네

그리움이 이랑을 넘치네.

—「그리움」 전문

이필정 시인의 '그리움' 은 '나의 빈 뜨락을 적시는 정겨운 이' 에게로 향하고 있다. 이러한 현상들이 그가 기다리는 사랑의 지향점이지만, '꿈길(혹은 꿈결)' 이라는 허황의 상황이 설정되면서 그의 심중에 깊게 자리한 이상적인 사랑으로 변전(變轉)하고 있다.

그러나 '나의 가을도 눈물겹게 스민다 / 낙엽에 그리운 사람아, 사람아 / 이 가을이 떠나기 전에 사랑의 꽃을 피우자.(「가을날에」 중에서)' 라거나 '눈이 시리도록 / 꽃 속에 묻힌 그리움으로 / 빈 가슴 채우다가 / 쌓인 연정 꽃향기에 피어난다.(「새 희망 꽃향기」 중에서)' 라는 절규의 언어가 '가을' 이나 '봄' 의 시간성과 접맥(接脈)함으로써 그의 사랑 이미지는 더욱 정감으로 나아가고 있다.

한편 그의 '그리움' 은 '낙엽' 이나 '억새꽃' , '스쳐가는 바람', '어스름 저녁 햇살' 등 일상적인 사물에서만 그 이미지를 추출하는 것이 아니라, 고향이나 친구에게서도 이 그리움은 순정적인 정서를 환기시키고 있다.

> 더덩실 더덩실 춤추며
> 함께 뛰어 놀던
> 두메 산골
>
> 어릴 적 내 고향
> 꽃피는 그리움
> 가슴에 품고 살아간다
>
> —「어릴 적 내 고향 · 2」 중에서

> 어디서 별똥별이라도 내리면
> 산 너머 그곳에 찾아가 보자던
> 친구들이 그립다
>
> —「백운산 한여름 밤」 중에서

이필정 시인은 이러하듯이 '어릴 적 내 고향' 에 대한 체험적 정서가 그의 뇌리(腦裏)에서 영원히 지워질 수 없는 '그리움' 의 대상으로 현존하고 있다. 우리는 누구나 고향의 애정을 간직하고 있다. 어릴 적 추억은 곧 내 삶의 원천이며 인생의 지표로 남아 있다.

그는 '내 어릴 적 고향 그리워하며 / 잊지 않고 찾아오는 새봄을 마중한다 // 어릴 적 재잘대던 발길 사이로 / 새록새록 솟아나는 새싹과 같이 / 강인한 힘!힘!힘! / 한 걸음 한

걸음 희망으로 다가오던 // 그때 그 시절 봄이 그립다(「어릴 적 내 고향 · 1」 중에서)'는 그리운 '희망'이 계절적인 이미지와 더불어 그의 삶(또는 존재)의 의미를 충전하는 요소로 발전하고 있다.

이러한 정황은 '친구'에게서도 동일한 양상으로 전개하고 있어서 그가 천착하는 '그리움'의 영역이 시간과 공간의 합일점에서는 어디에서든지 재생하는 상상의 범주(範疇)에서 그의 시적 진실로 승화하고 있는 것이다.

4. 자연 서정과 사랑의 메시지

이필정 시인에게서 지금까지 보아온 인생과 기원과 그리움에 함축된 정서의 본령(本領)은 서정성에 근원을 두고 있다. 이 서정은 자연과 인간의 가교를 연결하는 중심에서 그의 시는 발현하고 있으며 그의 시적 지향점은 사랑의 메시지로 압축할 수 있을 것이다.

그는 '가을' 등의 계절적 시간의 이미지뿐만 아니라, '산'에서 탐색하는 서정이 그의 시적 의미의 창출을 통해서 형상화하는 보편성이 심도 있게 표출되고 있는데 그는 천성적으로 자연 서정과 인간의 사랑이 동질적으로 결합하는 섭리를 순수성으로 수용하고 있는 듯하다.

떨어진 낙엽들 어디로 가려는지
갈바람 타고 초행길 나서는
망설임이 초라하다

내 영혼도 낙엽처럼
대자연의 한 모퉁이이 돌아
불타는 가을빛 속으로 침몰한다.

—「가을 여행」 중에서

가을바람에 곱게 물든 단풍미인
단(丹)이와 풍(楓)이가 만나 사랑 속삭이면
타오르는 뜨거운 가슴 풀어
행복한 단풍길에서 그녀를 만나야겠다.

—「청계산 단풍잎」 중에서

이필정 시인은 '가을 여행' 과 '가을 산' 을 좋아한다. 그가 취택하는 소재가 그의 직접 체험과 상관이 있어서 정서의 내면에 잠재(潛在)한 이미지의 확대가 그의 시심(詩心)으로 분출하고 있기 때문이다.

그는 '가을 여행' 이나 '단풍잎' 에서 유추할 수 있는 이미지는 결실과 풍요의 보편성을 넘어서 '영혼' 과의 교감을 통한 '망설임' 과 '침몰' 이라는 최후의 극단적 이미지를 포괄함으로써 시적 의미의 극대화를 지향하고 있으나 반대로 '행복한 단풍잎' 과 '그녀를 만나' 는 정황에서는 새로운 변신의 긍정으로 분사하여 서로 대칭적인 이미지로 나타나고 있다.

그는 다시 '내가 가고, 해가 가고, 가을이 가고 / 꽃이 피는 작은 흙길에서 / 저녁 이슬 내 발등을 적시는 / 이 아름다운 서정의 결실을 / 당신께 안겨 드립니다.(「가을 편지」 중에서)' 는 절절한 연민의 언어가 우리들의 공감영역을 확산시키고 있다. 이 '서정의 결실' 은 바로 자연이 우리들에게 헌사(獻辭)하는 침묵의 향연이기에 이를 '당신께' 전하는 거룩한 정성이 승화하고 있다.

또한 작품 「산에 오르면」에서도 '평화와 사랑을 배우고 / 자연의 섭리에 흠뻑 빠져든다' 는 어조가 자연 서정과 인간의 사랑이 '섭리' 를 순응하면서 시의 위의(威儀)를 탐구하고 있어서 그는 '어둠의 길 밝히는 꽃향기로 / 오늘도 나와 묵언(默言)의 동행(同行)을(「한가위 보름달」 중에서)' 하고 있는지도 모른다.

물오른 가지에서
꽃봉오리 터지듯
겨우내 움츠렸던
봉긋한 가슴 활짝 펴고
봄바람은 외출을 시작한다

초록 긴 가지 끝
서성이는 노란 설램에
행복한 미소 느린 동작으로 그리고
산새들 부리 끝으로
봄소식 물고와 내려 놓는다

우주의 빅뱅은
봄볕의 따사로움으로
적막 뒤에 머물던
새 생명을 잠에서 깨울 때 시작된다.

이 작품 「외출」에서 읽을 수 있듯이 '새 생명의 잠' 은 '행복한 미소' 로 깨어날 때 '봄볕' 은 우리들의 한정된 인간의 섭리뿐만 아니라, '우주' 의 광범위한 만유(萬有)의 진리를 포용하면서 교훈적인 메시지를 던져주고 있다.

이러한 작품은 「오대산의 사계절」, 「금낭화」, 「서낭당 해바라기」, 「당신에게 띄우는 가을 편지」 등 이루 헤아릴 수 없이 심취한 자연의 서정이 넘쳐나고 있다. 이는 이필정 시인이 '책머리에' 에서 밝혔듯이 '꽃보다 사람이 더 아름다운 까닭을 알아야 한다' 고 초월적인 철학을 천명함으로써 그가 간직한 '무집착이 좋다 / 무소유보다 탐하지 아니하는 무집착이 훨씬 높은 곳에 있다. / 그렇게 살고 싶다. 왜냐하면 소유하지 않는 것도 좋지만, 무소유라는 소유하지 않는 것조차 잊어버려야 하니까' 라는 비범한 시정신(poetry)의 창조적 개념으로 우리들의 공감을 유로(流露)하고 있다.

이필정 시인은 이 시집 『사랑하기에 좋은 계절』을 통해서 그가 지금까지 동반한 자의식(自意識)의 융화와 화해로서 시적 진실을 현시하여 그의 인생관이나 가치관에 새로운 의미를 부여하고 있다. 이것이 고양된 그의 시정신이며 지향해야 할 시 창작의 근본이라고 할 수 있다.

또한 그는 '앉은 자리에서 / 한숨만 쉰다고 해결될 것도 아닌데 / 자리를 박차고 일어나 보자(「불꽃 잔치」 중에서)' 라는 강렬한 삶의 의지와 순수가 결집하면서 그의 서정 시학은

정리되고 절정에 이르게 된다.

일찍이 프랑스의 사상가 파스칼(B. Pascal)은 그의 저서 『팡세』에서 '자연이 모든 것을 말할 수 있고 신학까지도 말할 수 있다는 것을 그로부터 배우는 사람이야말로 자연을 깊이 존중하는 사람이다' 라는 명언과 같이 이필정 시인은 자연에서 '무소유' 와 '무집착' 이라는 잠언(箴言)을 설정하고 이를 실현하려는 자연 시인이라고 할 수 있다.

그러나 시인은 그의 예민한 흥분된 눈망울을 하늘에서 땅으로, 땅에서 하늘로 굴리며 시인의 상상은 모르는 사물의 형체를 구체화시켜 시인의 펜으로 그것들에게 형태를 부여하고 형상 없는 것에게 명칭을 부여해 준다는 셰익스피어의 말도 경청(傾聽)할 필요가 있으리라.

시는 우리가 보편적으로 간직한 상상력이 어느 시점에서 초탈(超脫)의 세계를 여행하고 새로운 창조력으로 형상화하는 기능을 살려야 하는 특성을 이해해야 하기 때문에 우리들은 시 창작에 더욱 고뇌의 감응(感應)을 탐지하고 있다고 할 수 있다.

이필정 시인의 시적 본질이나 진실의 추구는 이러한 자연과 인간의 교합(交合)이 서정성을 축으로 하여 시적 정의를 꾸준히 형상화한다면 더욱 좋은 작품을 창조할 수 있을 것이라는 믿음이 앞선다. 시집 출간을 축하한다.

사랑하기에 좋은 계절

초판1쇄 인쇄일 · 2011년 5월 24일
초판1쇄 발행일 · 2011년 5월 31일

지은이 | 이필정
펴낸이 | 서영애
펴낸곳 | 대양미디어

출판등록 2004년 11월 제 2-4058호
100-015 서울시 중구 충무로5가 8-5 삼인빌딩 303호
전화 | 2276-0078
팩스 | 2267-7888

ISBN 978-89-92290-39-5 03810
값 10,000원